LA GRANDE IMAGERIE

L'AGRICULTURE

Conception
Émilie Beaumont

Auteur
Cathy Franco

Mise en page et illustrations
Jacques Dayan

FLEURUS

FLEURUS ÉDITIONS, 15-27, rue Moussorgski, 75018 PARIS
www.fleuruseditions.com

LE TRAVAIL DE LA TERRE

Dans les pays industrialisés, les travaux des champs sont mécanisés. Les engins agricoles, de plus en plus performants, permettent de cultiver rapidement de vastes surfaces de terre. Imposants, les nouveaux tracteurs reposent sur de larges pneus pour ne pas tasser la terre. Ils disposent d'une cabine de conduite spacieuse, insonorisée et climatisée. L'ordinateur de bord peut être utilisé pour doser la quantité de traitements à épandre ou pour commander à une charrue de se lever ou de s'abaisser.

La saison des labours

En automne, l'agriculteur laboure les champs. Une **charrue** est attelée au tracteur. Elle est formée de lames appelées socs, qui s'abaissent, creusent et retournent la terre pour l'aérer et la préparer à recevoir les semences. Les résidus de la récolte précédente sont enfouis.

Du fourrage pour l'hiver

De vastes superficies de terre sont réservées à la culture de plantes qui servent de fourrage (de nourriture) au bétail l'hiver : herbe, luzerne, trèfle, maïs, pois... L'**ensileuse** (ci-dessous) récolte les végétaux et les hache finement avant de les envoyer dans la remorque. Ils sont ensuite stockés dans de grands bâtiments, les silos. Le foin est un fourrage constitué d'herbe que l'on a fauchée et laissée sécher, avant d'en faire des bottes.

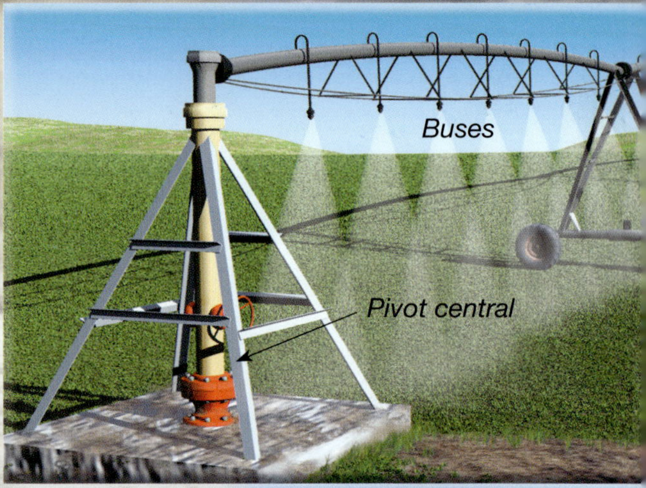

*Après le labour, une **herse** est accrochée au tracteur. Elle est équipée de dents qui brisent les mottes de terre pour aplanir le sol avant les semailles.*

Les semailles

Après le passage de la herse, un **semoir** est attelé au tracteur. Les graines destinées à être plantées sont versées dans un grand coffre. Poussées par un flux d'air, elles descendent dans des tuyaux et rejoignent le sol. Les dents du semoir les enterrent.

L'irrigation

Pour arroser les cultures, on utilise aujourd'hui des appareils qui produisent une petite pluie fine, ce qui permet de limiter la consommation d'eau. Dans le dispositif ci-contre, des buses, alignées sur une rampe, tournent autour d'un pivot central et permettent d'irriguer une surface circulaire pouvant atteindre 60 hectares : la surface moyenne de 92 terrains de football ! L'alimentation en eau se fait par des conduites enterrées.

*L'**épandeur** pulvérise de l'engrais dans les champs pour nourrir les cultures et favoriser leur développement.*

Cultures sans labours

Aujourd'hui, beaucoup d'agriculteurs font le choix de ne plus labourer. L'action profonde de la charrue augmente en effet l'érosion du sol en bouleversant sa structure (il ne retient plus l'eau) et perturbe les organismes qui y vivent, comme les vers de terre. Or ces derniers sont d'excellents laboureurs : en brassant la terre et en y creusant des galeries, ils l'aèrent et la rendent meuble et cultivable. Pour entretenir cette activité, l'agriculteur, entre la récolte et le prochain semis, plante des végétaux, comme le trèfle, qui restructurent le sol et favorisent la multiplication des vers de terre. Plus besoin de charrue !

LES GRANDES CULTURES

Les céréales occupent une place importante dans l'agriculture mondiale. À la base de l'alimentation humaine depuis des millénaires, elles servent également à nourrir les animaux. Le maïs représente 36 % de la production mondiale de céréales, il est suivi par le blé (30 %), le riz (20 %) et l'orge (7 %). L'essentiel de la production de sucre est réalisé par la canne à sucre et la betterave à sucre. Le coton, lui, est la première culture à usage non alimentaire.

Sorgho

Les céréales

Ces plantes sont cultivées pour leurs grains qui se présentent en épis. Dans le monde, des millions d'agriculteurs produisent de multiples variétés de céréales. Certaines résistent très bien à la sécheresse et à la chaleur, comme le sorgho ou le millet, largement cultivés en Afrique, d'autres au froid et aux sols pauvres, comme le seigle. Les grains des céréales, souvent réduits en farine, servent à la fabrication du pain, des biscuits ou des pâtes. Avec l'avoine, on nourrit les chevaux. L'orge entre dans la fabrication de la bière et du whisky.

Orge

Seigle

La culture du blé

Cette céréale s'adapte à des sols et à des climats variés. Les plus grands producteurs de blé sont la Chine, l'Inde et les États-Unis. La récolte du blé a lieu quand ses tiges se chargent de beaux épis dorés. La **moissonneuse-batteuse** (ci-dessous) coupe les épis, les aspire, puis les secoue très fort pour détacher le grain. Les tiges sont aussitôt rejetées. Elles fournissent de la paille qui, en hiver, servira de litière aux animaux.

Il existe deux grandes catégories de blé. Les blés durs s'adaptent bien aux climats chauds et secs. Ils servent à la fabrication de semoules et de pâtes. Les blés tendres sont cultivés dans les régions plus froides. Leurs grains, faciles à écraser, sont broyés en farine, dont on fait notamment du pain.

La récolte de blé est stockée dans des silos.

Épis de blé

Dans les rizières

Le riz est une céréale qui a besoin de beaucoup d'eau pour pousser. En Asie, où il constitue la base de l'alimentation des hommes, les fortes pluies d'été et la grande fertilité du sol favorisent sa culture. Le riz est semé dans des terrains inondés : les rizières. Après quelques semaines, les plants sont arrachés et repiqués un à un, bien espacés. On utilise également le riz pour faire de la bière, des galettes, des nouilles, des chapeaux ou du ciment. L'enveloppe des grains constitue un excellent engrais.

Dans les régions montagneuses, les rizières sont aménagées en terrasses.

La culture du maïs

Semé entre avril et mai dans les régions tempérées, le maïs a besoin d'être bien arrosé, car ses épis se forment en plein été, à la période de l'année où il pleut le moins. Pour éviter le gaspillage, l'agriculteur utilise des sortes de sondes qui mesurent l'eau disponible dans le sol et signalent les moments où la plante en a besoin. En Europe, le maïs est utilisé principalement comme nourriture pour les animaux. Ses grains donnent aussi de la farine et de l'huile.

*La **ramasseuse-presse** récupère la paille et la roule en bottes cylindriques.*

*Les grains de maïs sont récoltés à la fin de l'été par une moissonneuse-batteuse. L'**ensileuse** (ci-dessous) coupe et hache la plante entière, qui servira à nourrir les animaux.*

La culture du coton

Le coton est le fruit d'un petit arbuste que l'on appelle le cotonnier. Il pousse sous les climats tropicaux ou tempérés et chauds. Les principaux producteurs de coton sont la Chine, les États-Unis et l'Inde. Aux États-Unis (principalement dans les États du Texas, du Mississippi et de la Californie), le coton pousse dans d'immenses champs s'étalant à perte de vue et il est récolté par d'imposantes machines. En Inde, la récolte est le plus souvent transportée par des hommes dans des nasses en forme de balles.

Betterave et canne à sucre

La **betterave à sucre** pousse sous les climats tempérés. Sa racine contient un jus épais et sucré avec lequel on fabrique du sucre. La France est le premier producteur de betteraves à sucre dans le monde, devant les États-Unis et l'Allemagne. Les graines de betterave sont semées au printemps. En automne, l'**effeuilleuse-arracheuse** (ci-dessus) coupe les feuilles puis déterre les betteraves, qui sont transportées à la sucrerie.

Cultivée pour ses tiges gorgées de sucre, la **canne à sucre**, elle, pousse sous les climats tropicaux. Il lui faut entre 10 et 11 mois pour arriver à maturité. La récolte est mécanisée ou manuelle. Un bon coupeur peut arracher jusqu'à 5 tonnes de canne par jour ! Les principaux pays producteurs sont le Brésil et l'Inde.

Les fibres du coton, qui forment une petite boule blanche, sont filées puis tissées pour obtenir un tissu doux et confortable. Les capsules de coton, elles, contiennent des graines dont est extraite de l'huile. Elle est employée comme huile alimentaire, notamment en Afrique et en Asie centrale, mais aussi dans l'industrie cosmétique.

Les oléagineux

On obtient de l'huile à partir de nombreuses plantes : des graines de tournesol, de soja ou de colza, des cacahuètes de l'arachide... Le soja est la plante oléagineuse la plus cultivée dans le monde. Tout comme le colza, il est largement utilisé pour l'alimentation animale, sous forme de tourteau (des granulés), mais il fournit aussi de l'huile à usage alimentaire ou énergétique (biocarburants). L'huile de palme est extraite de la pulpe des fruits du palmier à huile. Essentiellement alimentaire, elle est aussi beaucoup utilisée dans l'industrie cosmétique. Le tournesol, avec le colza, l'olivier et l'arachide, procure l'essentiel de l'huile alimentaire en Europe. On le récolte quand sa grosse fleur jaune est fanée et que les graines qu'elle contient sont bien mûres.

LÉGUMES ET CHAMPIGNONS

Autrefois, les légumes destinés à la vente étaient cultivés près des villes, dans des zones de marais (d'où le terme de maraîchage). Le mot « légume » est un terme de cuisine désignant la partie comestible d'une plante potagère. Un légume se consomme donc salé. C'est pourquoi la tomate, qui est le fruit d'une plante, est assimilée à un légume. Quant aux champignons, différents des végétaux, ils poussent dans des conditions bien particulières.

En plein champ

Les légumes de saison sont cultivés en plein champ, le plus souvent à grande échelle (1). Au printemps, les radis, les salades ou les concombres, qui craignent le gel, sont protégés sous des tunnels en plastique. La pose des tunnels est effectuée par une **dérouleuse tunneleuse** (2). Les légumes sont le plus souvent récoltés mécaniquement, mais certains continuent d'être ramassés à la main, comme l'artichaut ou le chou-fleur, car leur récolte est échelonnée et on ne doit cueillir que les plus mûrs.
Des légumes, on consomme les feuilles (salade), les racines (carottes), les fleurs (artichauts), les graines (petits pois), les bulbes (oignons), les bourgeons (asperges) ou encore les fruits (tomates, aubergines, courgettes).

Pour faciliter le travail de plantation, des machines tirées par un tracteur transportent le personnel maraîcher et les caisses chargées de plants.

Une serre de tomates

De nos jours, on peut faire pousser des tomates toute l'année dans de grandes serres de verre chauffées l'hiver. Elles poussent sans le moindre gramme de terre, ce qui évite notamment l'apparition de mauvaises herbes et de parasites. Les plants sont disposés dans des pains de laine de roche (ou de coco), une matière qui permet aux racines de bien se développer. L'eau et les éléments destinés à nourrir les cultures sont distribués au goutte-à-goutte, selon les besoins des plantes. La serre est maintenue à une température moyenne de 20 °C, avec des écarts entre le jour et la nuit. Des bourdons fécondent les fleurs comme dans la nature. Tout, dans la serre, est commandé par ordinateur : le déclenchement du goutte-à-goutte, le dosage de la solution nutritive, la ventilation, le chauffage, etc.

Les champignons de Paris

Ils apprécient la fraîcheur et l'humidité et n'ont pas besoin de lumière pour pousser. C'est pourquoi on les a longtemps cultivés dans des caves. Celles-ci sont aujourd'hui délaissées au profit de grands bâtiments modernes, plus productifs, et dans lesquels les conditions de culture (température, humidité, ventilation, hygiène) sont mieux maîtrisées.

Le mycélium, la semence de champignon, pousse dans du compost (de l'engrais) à base de fumier de cheval et de paille. Au bout de 5 semaines, les champignons éclosent. Huit jours après, une deuxième poussée, moins importante, a lieu, puis une troisième, jusqu'à épuisement. Les champignons sont récoltés à la main, triés selon leur taille puis envoyés dans les magasins ou les conserveries.

Des salades au cœur tendre

Pour obtenir des scaroles ou des frisées au cœur bien blanc, le maraîcher dispose des « cloches » sur les salades 8 jours avant la récolte. Dans les zones ventées, ces cloches sont maintenues au sol par des piquets de fixation.

D'AUTRES CULTURES

La viticulture

Le viticulteur cultive les vignes pour produire du vin et/ou du raisin de table. La France est le premier producteur mondial de vin, devant l'Italie et l'Espagne. Chaque hiver, le viticulteur taille les rameaux de vigne, ou sarments : ceux qui restent gagnent en vigueur et donnent des fruits plus abondants. En automne, c'est la saison des vendanges : la récolte du raisin. La **vendangeuse** enjambe les pieds de vigne et les secoue pour recueillir les grains. Beaucoup de producteurs de vin choisissent aussi de vendanger à la main pour récolter des grappes entières. En effet, quand les grappes arrivent entières au pressoir, le jus n'a pas le temps de s'oxyder, et la qualité du vin est meilleure.

La couleur du vin

C'est la peau du raisin, riche en actifs colorants, qui donne au vin sa couleur, et non la pulpe, incolore. On peut donc faire du vin blanc avec du raisin noir : il suffit simplement de séparer la pulpe de la peau, au lieu de les laisser macérer ensemble plus ou moins longtemps, comme on le fait pour la fabrication du vin rouge ou rosé.

Après les vendanges, les grains de raisin sont pressés. Le jus est versé dans de grandes cuves ou dans des tonneaux en bois ; peu à peu, il se transforme en vin : on dit qu'il fermente. Certains vins sont encore meilleurs en vieillissant. Bien conservé, un bordeaux ou un bourgogne peut se déguster à 20, 30 ans, ou même 50 ans d'âge !

A

Les fruits du verger

Les arbres qui donnent des fruits (cerisiers, poiriers, pommiers, pêchers, pruniers...) sont cultivés dans des vergers par des arboriculteurs fruitiers. C'est la chaleur et le soleil qui font mûrir les fruits et leur donnent leur bon goût sucré. Les agrumes (oranges, citrons, pamplemousses, etc.) poussent dans les régions proches de la Méditerranée et sous les tropiques. L'orange est le fruit le plus cultivé dans le monde, principalement pour faire du jus de fruits. Dans les régions tempérées, c'est la pomme. Un seul pommier donne entre 30 et 40 kg de fruits par an ! On compte des centaines de variétés de pommes.

Comme la vigne, les arbres fruitiers sont taillés régulièrement pour donner de beaux fruits. Aujourd'hui, il est possible de limiter les traitements chimiques contre les maladies et les parasites en utilisant des méthodes plus douces ou préventives (voir pp. 18-19). La récolte des fruits est manuelle ou mécanisée, selon leur utilisation. Les pommes à croquer, par exemple, sont cueillies à la main dans des vergers où les arbres sont bien alignés et les branches bien basses pour faciliter la cueillette. Les pommes à cidre sont récoltées par un ***vibreur*** *qui secoue le pommier pour faire tomber les fruits (ci-contre).*

Les cabosses poussent sur le tronc et sur les branches du cacaoyer.

Les fruits du cacaoyer

Le cacaoyer est essentiellement cultivé en Afrique et en Amérique du Sud. Ses fruits, appelés cabosses (A), contiennent des fèves (B) qui, broyées, donnent la pâte de cacao. C'est avec cette pâte que l'on fabrique le chocolat. Les fèves sont séchées au soleil ou dans des séchoirs artificiels durant 2 semaines.

Une station d'emballage de bananes

Les bananes

Il existe des dizaines de variétés de bananes comestibles, consommées crues ou cuites, comme des légumes. La banane pousse sous les climats tropicaux en grappes appelées des régimes. Un régime compte en moyenne une centaine de bananes. On le protège d'un film plastique afin d'empêcher les oiseaux de picorer les fruits et pour éviter les frottements des bananes avec les feuilles, qui laissent des traces peu esthétiques. Le bananier ne donne des fruits qu'une seule fois dans sa vie, au bout de 9 à 12 mois.

Les bananes sont récoltées encore vertes. Les régimes sont coupés à la machette et transportés par câble aérien ou par camion-remorque jusqu'à la station d'emballage. Là, les bananes sont lavées à l'eau claire dans de grands bacs pour éliminer la sève collante qui s'écoule après la coupe. Emballées délicatement dans des cartons, elles sont expédiées vers les lieux de vente par camion ou par bateau.

L'oléiculture

C'est la culture des olives. L'olivier est un arbre caractéristique des régions méditerranéennes. Il a besoin de chaleur et de soleil pour pousser. Les champs d'oliviers s'appellent des oliveraies. Les olives vertes sont récoltées, pour la dégustation, à partir de la fin août. L'**oléiculteur** les cueille délicatement et les dépose dans un panier qu'il porte autour de son cou. Les olives bien mûres prennent une couleur noire. Elles sont récoltées un peu plus tard, en novembre, à l'aide d'une sorte de peigne qui vibre et que l'on passe dans l'arbre. Elles tombent dans des filets disposés au ras du sol pour faciliter le ramassage. On en extrait l'huile d'olive. Un olivier produit de 15 à 50 kg de fruits par récolte.

Un oléiculteur récolte des olives noires à l'aide d'une sorte de peigne qui vibre.

Les fraises

Elles sont cultivées soit hors sol, soit en terre, sur des bandes de plastique noir percées à l'endroit de chaque plant. Ces bandes conservent la chaleur et l'humidité dont les fraises ont besoin pour pousser et font obstacle aux mauvaises herbes. Les variétés de saison ne donnent des fruits qu'une seule fois dans l'année, en été. Les variétés de fraises remontantes sont appelées ainsi car elles fleurissent régulièrement et donnent des fruits du printemps jusqu'aux gelées d'hiver.

Des fermes de fleurs

Les fleurs sont cultivées pour être vendues en bouquets, en pots ou encore pour leur parfum (jasmin, rose, lavande, œillet...).
La Hollande est réputée pour ses tulipes, qu'elle exporte dans le monde entier. Il en existe plus de 6 000 variétés ! Dans les régions tempérées, les fleurs destinées aux bouquets sont souvent importées des pays chauds où leur production, à l'air libre toute l'année, coûte moins cher que dans une serre chauffée et éclairée l'hiver.

L'algoculture

C'est la culture des algues, une activité économique très importante en Asie, qui se développe en Europe depuis quelques années.
Les algues entrent dans la composition des médicaments, des produits de beauté, des peintures, des yaourts ou des glaces. Riches en minéraux et en vitamines, on les consomme aussi en salade, en potage ou en paillettes à saupoudrer ; c'est le cas du wakame, originaire d'Asie. En France, cette algue est notamment cultivée sur les côtes bretonnes.
On provoque la reproduction des algues dans des bassins. Elles se développent ensuite en mer, en 4 à 5 mois, autour de cordes fixées à des bouées.

Récolte du wakame

PROTÉGER LES CULTURES

Les herbes indésirables, les insectes et les maladies sont les trois plus grands fléaux des cultures. Pour les combattre, l'agriculteur dispose de pesticides. Mais ces produits destinés à tuer les parasites et les végétaux nocifs présentent de gros risques pour l'environnement et la santé des êtres humains ; on retrouve leurs résidus toxiques dans les cours d'eau mais aussi dans nos aliments. Aujourd'hui, on tend à réduire leur emploi.

Les pesticides

Pesticide signifie « qui tue les pestes », c'est-à-dire tout ce qui vient troubler le bon développement des plantes cultivées. Les produits employés pour traiter les cultures sont sélectifs : ils ne visent qu'un insecte ou un parasite précis. Dans les grandes exploitations, on pulvérise les produits par avion ou hélicoptère. Pour éviter que les pesticides ne tombent hors de la zone ciblée, l'agriculteur évite de traiter les cultures quand le vent souffle.

Les haies

Elles protègent efficacement les cultures :

- du vent, en créant une barrière naturelle ;
- du froid, en provoquant un microclimat qui augmente la température du sol ;
- de la sécheresse, en restituant aux cultures les réserves d'eau contenues dans le sous-sol ;
- de l'envahissement de certains animaux ravageurs, en abritant une faune utile qui les combat. La chouette chevêche, par exemple, mange le petit rat des moissons qui dévaste les champs de blé.

Lutter contre le gel

De plus en plus utilisées dans les vergers et les vignobles, les tours antigel sont des appareils à hélices montés sur un très haut mât. En tournant, les pales refoulent vers le sol les couches d'air supérieures, plus chaudes (car l'air chaud a tendance à monter), préservant ainsi les cultures du gel. On peut aussi protéger les bourgeons en les aspergeant d'eau, ce qui les entoure d'une carapace de glace protectrice, ou en disposant des chaufferettes (de grosses bougies) au pied des arbres pour réchauffer l'air.

Des variétés résistantes

Une façon de limiter les traitements est de créer des variétés de plantes résistantes aux maladies. Pour un blé, par exemple, on sélectionne les variétés les moins sensibles à certains parasites ou champignons, vecteurs de maladies, et on les croise, encore et encore, jusqu'à obtenir la variété désirée. Croiser, c'est féconder une variété de plante avec une autre. De la même manière, on peut obtenir des pommes plus rouges ou plus sucrées, des plantes plus économes en eau ou qui demandent moins d'engrais, etc.

Plantes OGM

Les gènes sont les plus petits éléments qui constituent les êtres vivants. Ce sont eux qui déterminent la saveur d'une pomme, la couleur d'une tomate ou celle de nos yeux... On peut rendre une variété de plante résistante (à un parasite par exemple) en lui injectant le gène d'un autre organisme (végétal ou animal). On obtient un OGM (organisme génétiquement modifié). On manque encore un peu de recul pour évaluer l'impact des OGM sur l'environnement et sur la santé.

La lutte biologique

De plus en plus d'agriculteurs emploient des espèces auxiliaires, des insectes notamment, pour combattre les ennemis des cultures. La chenille de l'Écaille du séneçon (à gauche), un papillon, s'attaque à une mauvaise herbe très répandue dans les champs, qu'elle consomme entièrement. La coccinelle, elle, dévore les pucerons, qui se nourrissent de la sève de nombreuses plantes, comme les jeunes pousses de pommiers, ce qui donne des fruits minuscules.

Pièges à phéromones

Placés dans les cultures, ces pièges permettent de détecter la présence d'insectes nuisibles et de limiter les infestations. À l'intérieur du piège est placée une capsule imbibée de phéromones, des substances odorantes produites par les femelles pour attirer les mâles. En capturant les mâles, ces pièges empêchent la reproduction de l'espèce ravageuse (mouche, papillon...).

L'ÉLEVAGE

On élève du bétail (vaches, cochons, moutons, chèvres, chevaux...), des animaux de basse-cour (volailles, lapins), mais aussi des abeilles, dont on récolte le miel, ou encore des huîtres, des moules et certains poissons. Les exploitations modernes sont le plus souvent orientées vers un seul type de production (lait, viande, œufs...). L'élevage biologique certifie une viande de qualité grâce à des pratiques plus respectueuses de l'environnement et des animaux. Leur nourriture provient alors de cultures n'utilisant ni pesticides, ni engrais chimiques, ni OGM.

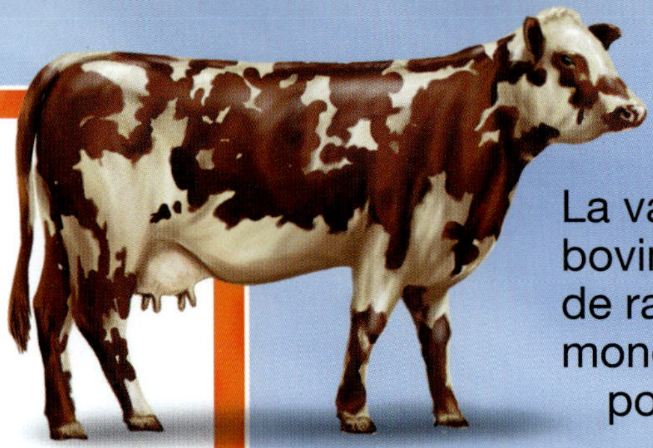

La normande

La prim'Holstein

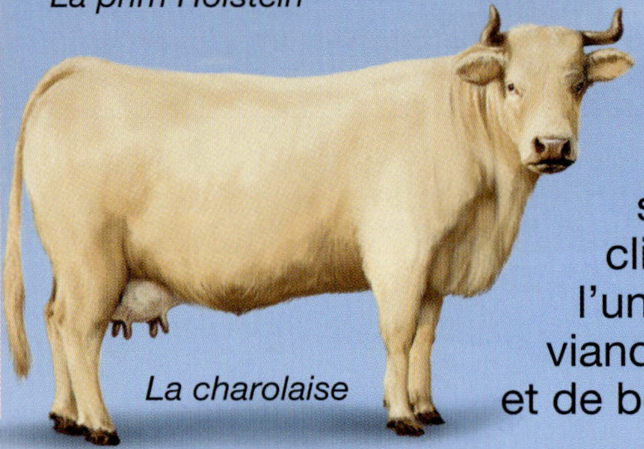

La charolaise

Les races de vaches

La vache appartient à la famille des bovins. Il existe plusieurs centaines de races de vaches à travers le monde. L'éleveur élève une race pour la qualité de sa viande ou pour la richesse de son lait. Il existe aussi des races mixtes, comme la vache normande, qui est une bonne laitière tout en produisant une viande excellente. La prim'Holstein bat des records dans la production de lait : jusqu'à 40 litres par jour (25 litres en moyenne pour les autres races). Robuste, la charolaise supporte tous les climats. Elle donne l'une des meilleures viandes de veau et de bœuf.

Le lait des vaches

Aujourd'hui, la traite des vaches est mécanisée. Le lait est aspiré automatiquement grâce à une trayeuse électrique munie de petits godets appliqués sur chaque tétine, puis il est envoyé par des tuyaux dans un tank à lait (un réservoir réfrigéré) jusqu'à l'arrivée du camion-citerne. À la laiterie, on retire la crème du lait, remontée à la surface, de façon à obtenir du lait écrémé ou demi-écrémé. En battant la crème dans une machine, on obtient du beurre. Avec le lait de vache, on fabrique aussi des yaourts et des fromages.

Les vaches sont traites deux fois par jour. Pour produire 20 à 30 litres de lait, elles doivent manger environ 50 kg d'herbe et boire énormément d'eau (entre 50 et 100 l !).

Les veaux

Ils sont élevés pour leur viande, blanche et tendre. La majorité de la production provient de grands élevages industriels : les animaux sont alimentés au seau avec du lait en poudre. Bien plus heureux sont les petits veaux alimentés au pis de la vache. Ils passent leurs journées en plein air et fournissent une viande particulièrement goûteuse.

Durant l'hiver, les vaches passent la plupart du temps dans de grandes étables aménagées, ouvertes sur l'extérieur, où elles vont et viennent à leur guise. Eau et fourrage sont distribués en libre-service ; l'enlèvement et le changement de la litière sont le plus souvent mécanisés. Dès les beaux jours, les vaches regagnent la prairie où elles se nourrissent d'herbe grasse ; elles ne rentrent à l'étable que le soir.

L'élevage du cochon

En France et en Europe, on élève la majorité des cochons dans de grandes porcheries industrielles pour produire très vite de la viande. La truie peut avoir jusqu'à 15 porcelets deux fois par an. Allongée dans le box de maternité (1), elle allaite ses petits sans risquer de les écraser. Les jeunes cochons sont engraissés dans un espace confiné avec une soupe à base de céréales, de pois, de soja et de compléments minéraux, distribuée plusieurs fois par jour. Leurs excréments passent à travers le sol en caillebotis (2) et rejoignent la fosse à lisier. À 6 mois, les petits pèsent 110 kg environ et sont emmenés à l'abattoir.

Le gascon

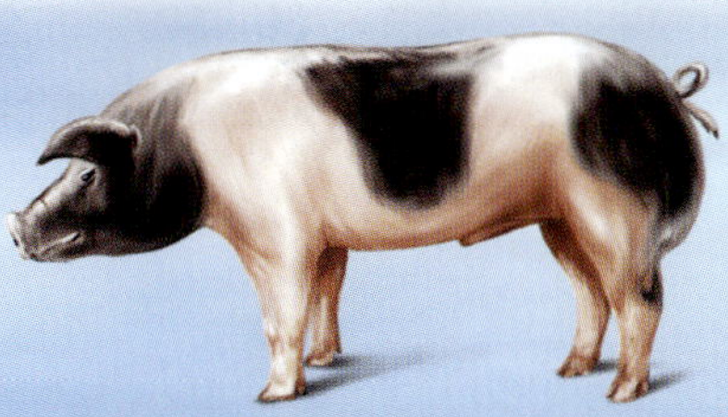

Le cul du Limousin

Il existe plus de 350 races de cochons à travers le monde.

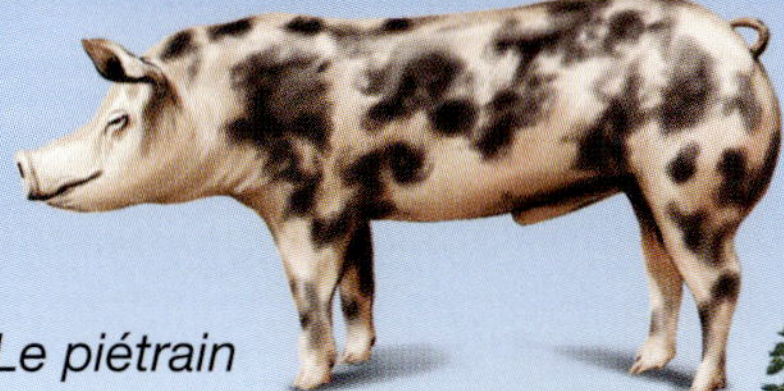

Le piétrain

Les porcs élevés en plein air disposent de beaucoup plus d'espace et de liberté de mouvement. Moins stressés, ils passent leurs journées entre siestes et bains de boue, fouissant la terre de leur groin. Ils grossissent à leur rythme et donnent une viande moins grasse, très savoureuse, plus ferme et plus colorée.

Le Large White

L'élevage des moutons

Le suffolk

Les moutons sont élevés pour leur viande (en particulier la viande d'agneau, très tendre), mais aussi pour leur laine, leur cuir et le lait des brebis, avec lequel on fabrique des fromages, comme le roquefort. Une brebis donne de 1 à 2 litres de lait par jour. À la belle saison, les moutons passent leurs journées dans de vastes étendues de pâturages. L'hiver, ils rentrent à la bergerie où ils sont nourris avec du fourrage et des aliments concentrés à base de céréales. Certains moutons ne quittent jamais la bergerie.

La noire du Velay

On dénombre environ 450 races de moutons domestiques.

Le mérinos

Certaines races de moutons, comme le mérinos, sont élevées uniquement pour leur laine, toute douce et chaude, avec laquelle on fait des pulls, des couvertures, des écharpes, des bonnets. Les autres races de moutons sont également tondues, une fois par an, au début du printemps, afin que les animaux n'aient pas trop chaud l'été et pour éviter que les insectes ne se multiplient dans leur toison. Des tondeurs professionnels passent d'élevage en élevage pour récolter la laine, utilisée dans la fabrication de matelas ou comme isolant. Il leur faut moins de 4 minutes pour tondre un mouton !

Les agneaux

L'agnelage est la période qui correspond à la naissance des agneaux, en mars-avril. L'éleveur regroupe toutes les brebis dans la bergerie pour l'occasion et veille à ce que les mises bas se déroulent bien. Une brebis donne naissance à un ou deux agneaux, qui pèsent entre 3 et 5 kg chacun. Parfois, elle n'a pas assez de lait pour nourrir son nouveau-né. Celui-ci est alors donné en nourrice à une brebis qui a perdu son petit. Si cette dernière refuse de s'en occuper, l'agneau est nourri au biberon.

Trois semaines après la naissance, les agneaux sont en âge de brouter l'herbe fraîche des prés. Ils continuent de téter leur maman jusqu'à l'âge de 3 mois, puis ils sont sevrés. On continue à les nourrir jusqu'à ce qu'ils aient 6 mois ; ils pèsent alors environ 40 kg et sont vendus pour leur viande. La viande de mouton, au goût plus fort, est issue d'animaux de plus de 12 mois.

Brebis lacaune

Les chèvres

La chèvre peut se satisfaire d'herbes maigres, de buissons épineux et n'hésite pas à faire de l'escalade pour se nourrir ; aussi la trouve-t-on en grand nombre dans les régions arides et montagneuses. Elle est élevée pour sa viande, sa peau ou son lait, avec lequel on fabrique d'excellents fromages. La chèvre angora fournit une laine précieuse : le mohair. On compte près de 200 races de chèvres dans le monde.

Selon les élevages, les chèvres passent toute l'année ou seulement l'hiver dans la chèvrerie, où elles sont nourries avec du foin, des céréales et des granulés. Une chèvre laitière donne environ 3 litres de lait par jour. Il faut 2 litres de lait pour faire une bûche de fromage. Comme la chèvre est traite, ses petits sont nourris au biberon ou avec une louve, un distributeur de lait en poudre muni d'une tétine.

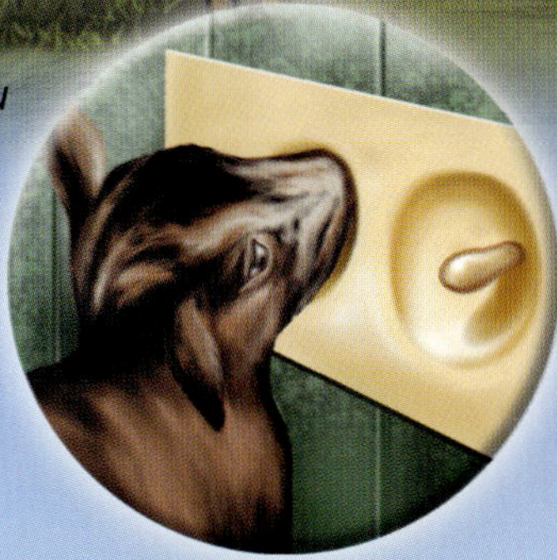

L'élevage de l'autruche est de plus en plus répandu en Europe. Un seul animal fournit environ 25 kg de viande ! De plus, l'autruche se reproduit très rapidement.

L'aviculture

C'est l'élevage des volailles et, par extension, celui des animaux de basse-cour, comme les lapins. Les volailles sont élevées pour leur viande, leurs œufs, leur foie (oie, canard). Une fois que les oies ont été tuées, des plumassiers passent dans les élevages pour récupérer leur duvet. Il sert à remplir les couettes et les oreillers.

La majorité des lapins sont élevés en grand nombre dans des cages et nourris avec des granulés. Dès l'âge de 7 mois, la lapine peut avoir des petits : 4 à 12 par nichée, 4 fois par an ! Les lapins élevés dans des clapiers servent surtout à la consommation familiale. Le lapin angora est élevé pour ses longs poils soyeux dont on fait des pull-overs légers et chauds.

1 : Autruche
2 : Canard
3 : Poule
4 : Pintade
5 : Oie
6 : Lapin russe
7 : Lapin fauve
8 : Lapin angora

Caneton

Dans les couvoirs

Certains **aviculteurs** sont spécialisés dans la production de poussins destinés aux grands élevages. Une fois pondus, les œufs sont couvés artificiellement, puis transférés dans une salle d'éclosion. À peine sortis de l'œuf, les poussins sont triés en fonction de leur sexe, puis livrés aux exploitations, où ils seront élevés pour leur viande ou pour leurs œufs.

Pintadeau

Poussin

Volailles de plein air

Dans ce type d'élevage, les volailles disposent de beaucoup plus de place pour s'ébattre et vivent plus longtemps. Elles complètent l'alimentation qui leur est donnée, à base de céréales, en se nourrissant d'herbe, de racines, de vers, de petits insectes... Moins stressées, elles fournissent une viande et des œufs de meilleure qualité.

Les poulets vendus pour leur viande passent la majeure partie de la journée dehors. La nuit, tout le monde rentre au poulailler. Les poules pondeuses pondent généralement en début de journée dans des pondoirs remplis de paille ou de foin, à l'intérieur du poulailler.

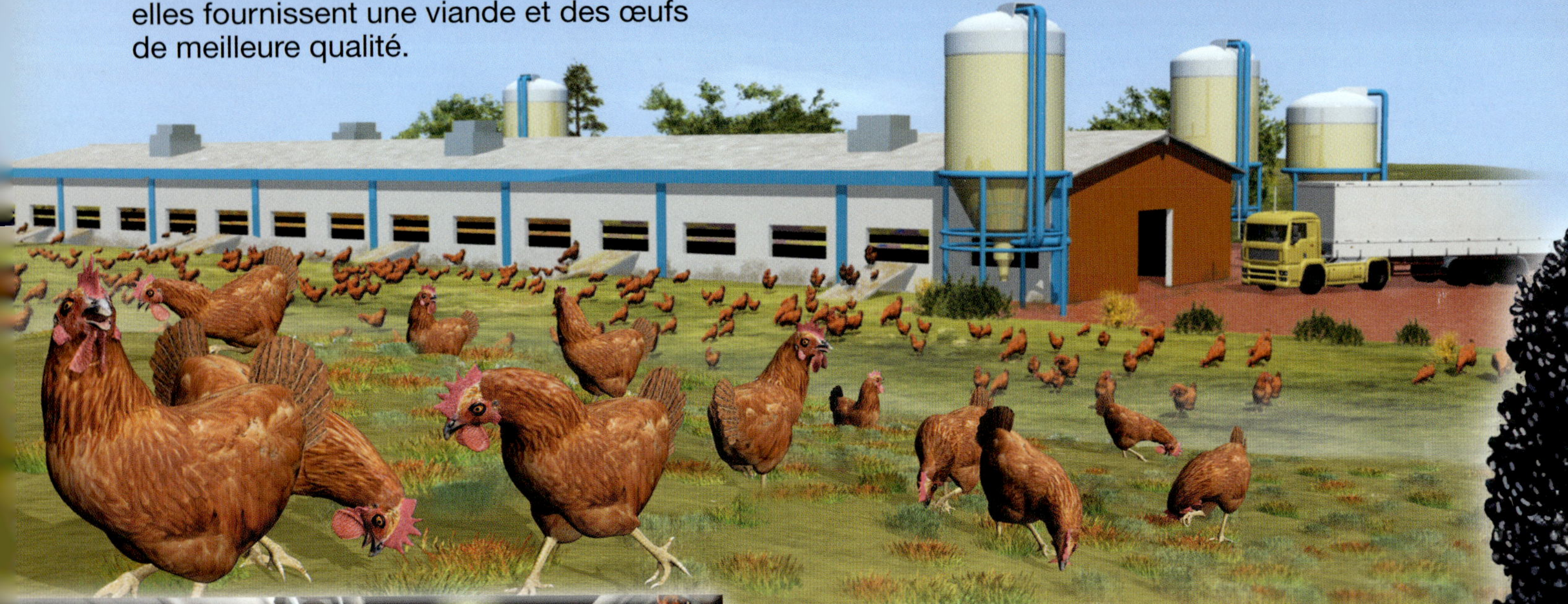

Une batterie de poules pondeuses

L'élevage en batterie permet d'obtenir une production annuelle de 350 œufs par poule. Pour que les poules pondent le plus possible, le local est éclairé artificiellement au moins 16 heures par jour. Elles sont nourries avec des granulés garantissant une ponte régulière et une croissance rapide de l'œuf. Aussitôt pondus, les œufs glissent dans un conduit et sont emportés par un tapis roulant ; un ascenseur les recueille ensuite étage par étage et les porte directement à la station d'emballage, située au sous-sol.

L'apiculture

Les abeilles sont élevées essentiellement pour le miel qu'elles produisent. Chaque ruche contient des cadres sur lesquels les insectes construisent des rayons de cire. Le miel est déposé dans les compartiments (les alvéoles) qui forment le rayon. Une seule ruche peut abriter plus de 50 000 abeilles ! Pour éviter de se faire piquer, l'**apiculteur** porte une combinaison, un masque et des gants. Avant de récolter le miel, il enfume la ruche ; repoussées par la fumée, les abeilles risquent moins de le piquer. L'apiculteur peut alors ouvrir la ruche et récolter les cadres.

Fermes marines

Au bord de la mer, les aquaculteurs élèvent des huîtres, des moules, des crustacés et des poissons. L'élevage des moules est appelé la **mytiliculture**. Après la reproduction, qui a lieu au printemps, le **mytiliculteur** tend des cordes entre des piquets dans la zone des marées pour capter les jeunes larves de moules en suspension dans l'eau. Elles ont en effet besoin de se fixer sur un support pour se développer. Après une première phase de grossissement des moules, les cordes sont enroulées autour de hauts pieux, les bouchots, où les moules poursuivent leur développement, pendant 12 à 18 mois.

L'**ostréiculture** est l'élevage des huîtres. Celles-ci grandissent dans des parcs à l'intérieur de poches, qui sont retournées régulièrement pour éviter que les huîtres ne se collent entre elles. Au bout de 3 ans, elles ont atteint leur maturité et peuvent être récoltées.

Les poissons tels que bars, daurades, saumons ou truites de mer sont élevés par des **pisciculteurs** marins en mer, dans des cages flottantes, ou à terre, dans des bassins d'eau salée.

La récolte des moules se fait avec un engin équipé d'une grue et d'une pêcheuse à moules.

Les poissons élevés en mer sont nourris quotidiennement de granulés à base de farine de poissons sauvages peu ou pas consommés par l'homme, de vitamines et de minéraux.

ÊTRE AGRICULTEUR AUJOURD'HUI

Autrefois, il suffisait de reprendre l'exploitation de ses parents pour apprendre le métier d'agriculteur. Aujourd'hui, la ferme est devenue une véritable entreprise, difficile à gérer sans une solide formation. Le futur agriculteur se spécialise dans un domaine précis : élevage bovin, arboriculture fruitière, viticulture, etc. Au programme, des cours sur la santé et l'alimentation des animaux, le fonctionnement des machines, les techniques de culture, etc., mais aussi des cours d'économie, d'informatique, sur la protection de l'environnement...

Un chef d'entreprise

Le métier d'agriculteur n'est pas de tout repos. Dans les champs ou les vergers, les activités suivent le rythme des saisons et les journées sont souvent très longues. L'agriculteur moderne est aussi un véritable chef d'entreprise qui passe beaucoup de temps devant son ordinateur. Mois après mois, il contrôle le rendement et la qualité des produits. Il s'occupe aussi de les vendre dans les meilleures conditions et effectue des calculs et des prévisions avant d'investir dans du nouveau matériel ou d'agrandir son troupeau.

Dans les pays industrialisés, les produits agricoles sont surtout destinés à la vente. Les élevages sont importants et les cultures s'étendent à perte de vue.

À qui vend l'agriculteur ?

Pour vendre ses produits, un agriculteur passe le plus souvent par un intermédiaire. Il peut s'agir d'une société privée ou d'une coopérative, une entreprise appartenant à un groupement d'agriculteurs qui vend les produits, parfois transformés, aux magasins ou à des entreprises qui vont fabriquer des produits plus élaborés (des biscuits, des plats cuisinés, etc.). Mais les producteurs peuvent aussi directement vendre leur production aux consommateurs sur les marchés. Dans les fermes-cueillette, on peut venir récolter soi-même ses fruits et ses légumes, ou se confectionner de jolis bouquets de fleurs. Certains producteurs proposent même chaque semaine aux consommateurs des paniers de fruits ou de légumes variés. Les consommateurs paient leur part de récolte à l'avance, un moyen pour l'agriculteur d'éviter les pertes.

L’agriculture de précision

Comme les automobiles, de plus en plus d’engins agricoles sont dotés d’un GPS, un système de localisation et de guidage par satellite. Couplé à un ordinateur de bord, le GPS permet, grâce à une cartographie détaillée du terrain, de guider avec une extrême précision les machines agricoles dans les travaux des champs (labours, semis, épandage d’engrais...) et cela, même quand il y a une visibilité médiocre (brouillard, poussière, obscurité, pluie).

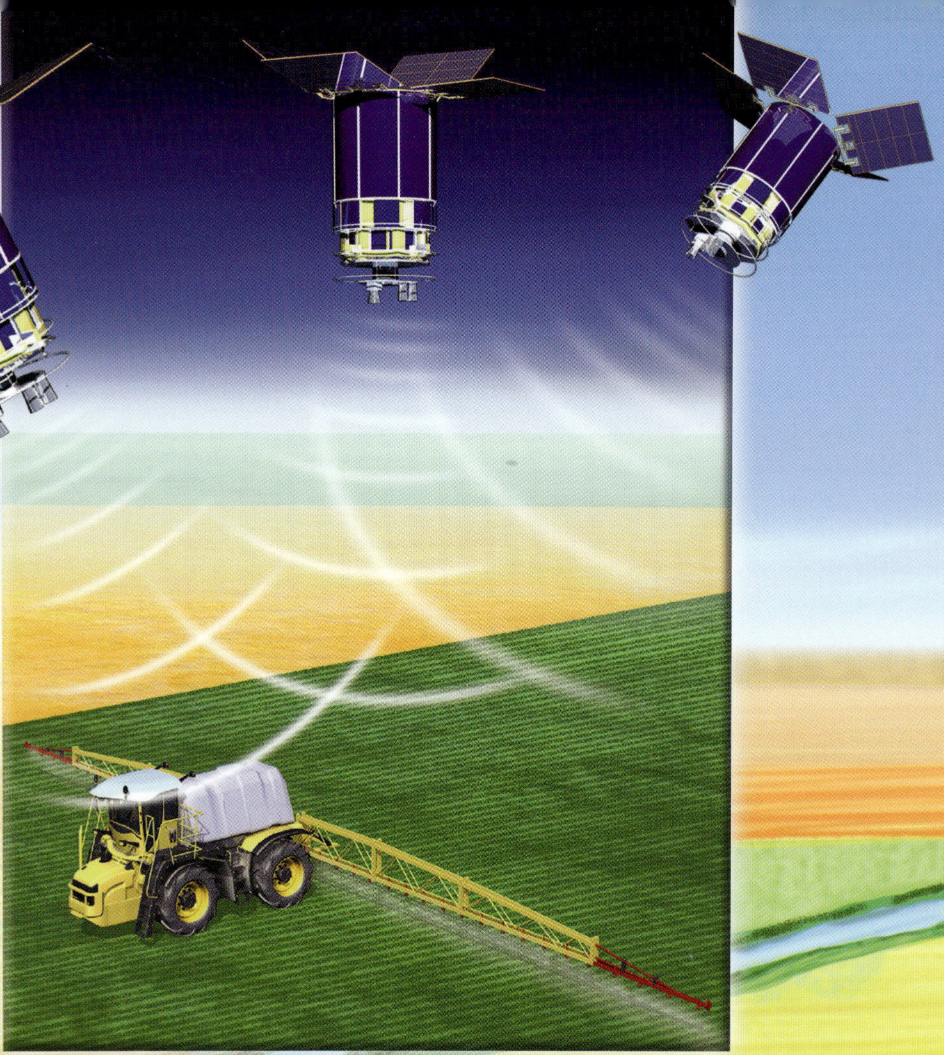

Encourager l’économie locale

Il est important de consommer des produits locaux et de saison. Cela permet aux producteurs de nos pays de vivre et valorise les produits frais et les spécialités régionales. En outre, les produits que nous importons parcourent des milliers de kilomètres avant d’arriver dans notre assiette, émettant des millions de tonnes de gaz à effet de serre, ce qui contribue au réchauffement climatique. Consommer des aliments produits de préférence près de chez soi, c’est donc aussi faire un grand geste pour l’environnement !

TABLE DES MATIÈRES

MDS : 240068N1
ISBN : 978-2-215-10643-2

Dépôt légal à la date de parution.
Conforme à la loi n° 49-956 du 16 juillet 1949
sur les publications destinées à la jeunesse.
Imprimé en Italie (01-13)

Des épis de blé

Une ensileuse
hachant du maïs

Récolte du coton

Culture de tomates
dans une serre

Récolte des moules

Truie et ses petits dans
un box de maternité

Une brebis
et son agneau

Élevage de poules
en plein air

Une vendangeuse récoltant
les grains de raisin

Récolte d'algues